I0486014

MOTIVACIÓN

Planeación única y
Definitiva de todos los Vendedores
Profesionales de éxito

All Rights Reserved

Dedicado a mi padre
Me inspira siempre,
su capacidad de negociar.

Índice

Tabla de Contenido

Introducción

Este libro se escribió con el fin de motivar a todas las personas que quieren vender.

Vender es una de las profesiones más fascinantes y debemos motivarnos.

Todos los días para ser un vendedor exitoso.

La motivación es una de las fuerzas más energética que puede tener un ser humano en cualquier tarea que emprenda.

El vendedor más motivado del mundo es una verdad feliz con su trabajo y con todo lo que conlleva una venta en cualquier campo.

Motivarnos para vender hacer que nuestros días sean especiales y felices.

La venta

La profesión en la venta es considerada una profesión muy lucrativa especialmente cuando estamos motivados y amamos a profesión de vender.

Cuando vendemos comunicamos nuestras ideas y el cliente recibe el beneficio de nuestro producto o servicio.

Vender es visitar a los clientes y enseñar todos los beneficios llevar el orden establecido entregando oportunamente el servicio siempre con responsabilidad de parte y parte.

La personalidad del vendedor debe ser amigable y con una motivación de consentimiento presenta a cada momento y lo más importante sinceridad en lo que se refiere a su producto sin engañar a su cliente.

Motivación para un vendedor

La motivación para un vendedor es muy importante porque un vendedor debe estar siempre con inspiración para seguir avanzando y tener éxito en las ventas.

En este libro nos motivaremos a vender y en especial vamos a aprender unas herramientas importantísimas para que esta motivación se convierta en eficiencia en ventas.

La motivación es cuando tenemos un deseo fuerte de hacer algo como lo explicamos en el modelo movimiento con la palabra intensidad.

Un vendedor debe enfocarse en entusiasmo que puede tener al realizar y ofrecer su producto o servicio. El vendedor debe sentirse con la energía para continuar cada día ofreciendo lo mejor de si mismo para unas ventas óptimas.

Cuando un vendedor está motivado con el modelo movimiento inicio que se presenta en uno de los capítulos de este libro, su planeación de ventas será tan eficaz que sus ventas aumentaran un porcentaje altísimo con la diferencia del antes y después de leer este libro.

Es importante que encontremos como vendedores la razón primordial para vender nuestro producto o servicio en este caso con la planeación correcta y el modelo correcto no aplazaremos ni dejaremos las cosas inconclusas sino que vamos a realizar la motivación y el movimiento adecuado para lograr nuestras metas en las ventas.

Aprenderemos que nuestro tiempo es valioso y lo usaremos de una forma adecuada.

Un vendedor debe tener siempre una actitud positiva como en las entrevistas las primeras palabras o los primeros segundos son decisivos para el cierre de la venta.

Un vendedor que se considere profesional debe conocer la misión y visión de su producto.

Debe aprender cada día y actualizarse y con unas ganas y motivación constantes para lograr su objetivo.

Un vendedor debe especializarse en su producto conocerlo mimarlo y amarlo.

Y lo más importante la ética profesional en ventas debe ser constante y real.

Vender es el proceso en el cual una persona ayuda a otra para que tome la decisión de comprar algo siempre el vínculo emocional y la empatía es muy importante entre cliente y vendedor

La motivación en ventas es muy importante debido a que nos da impulso y energía para vender nuestros productos y poder responder a todas las barreras, obstáculos e inconvenientes que se presenten.

La motivación puede ser por

Ventas exitosas

Retomar un cliente

Conseguir un nuevo cliente

La motivación por cualquiera de las anteriores es lo máximo para un vendedor motivado.

Valores

Modelo motivación en mi

14

M =
O =
T =
I =
V =
A=
C=
I=
O=
N=
E=
N=
M=
I=   A
            M
            A
            R

Cuando vendemos debemos visitar a nuestros clientes y enseñarles los beneficios de nuestro producto o servicio.

Un vendedor motivado debe tener conocimiento de todo lo que implica el proceso de venta y debe tener unas cualidades específicas

1. Ayudar a sus clientes en todo momento
2. Mucha energía y motivación para trabajar
3. Conocimiento en todo lo relacionado con su producto o servicio
4. Organización del tiempo y de todos sus movimientos referentes a su venta y a su vida personal.

La actitud siempre debe ser positiva.

La personalidad del vendedor motivado va siempre enfocada al optimismo en su trabajo.

La actitud es la manera como un vendedor motivado expresa sus pensamientos y sentimientos. Con una actitud motivada un vendedor va a generar confianza.

Dedicarse a la profesión en todo sentido es el lema del vendedor más motivado.

Piense y actué como el vendedor más motivado del mundo.

Su actitud va a determinar en resumidas cuentas su forma de ver la vida.

Comunicación motivadora

La comunicación es un intercambio de pensamientos, opiniones, ideas e información por medio del habla. La comunicación es verbal y no verbal.

La motivación del vendedor con la motivación se logra que las personas se esfuercen más para lograr sus metas.

Movimientos del vendedor equivalen a motivación.

Movimiento = Motivación

EN MÍ   EN MÍ

La motivación es lo que te mueve día a día para alcanzar las metas que quieres lograr.

La motivación es una fuerza poderosa par nuestra vida cotidiana.

Con una motivación certera vamos a ser.

1. Positivos
2. Certeros
3. Auto disciplinados
4. Entusiastas
5. Compañerismo
6. Energía
7. Interés

8. Iniciativa
9. Movimientos certeros
10.   Inspiración para realizar todo lo propuesto
11.   Amar cada movimiento.

Motivación En Mi

En este libro vas a motivarte y creer en tu potencial, en las ventas siguiendo el modelo movimiento y motivación. La inspiración es muy importante para que tus ventas cumplan la meta deseada vas a detectar con la indagación idónea, lo que te hace mover para realizar ventas. El pensamiento positivo en realizas tus ventas serán un avance optimista todos los días. La imaginación como parte importante del modelo, te hará avanzar un paso gigante en la consecución de tus metas.

La responsabilidad (EN MI) que tienes para la motivación y por ende que tus metas se hagan realidad dependen de tu como "vendedor", si eres el vendedor más motivado el mundo, repite por favor 5 veces "soy el vendedor más motivado el mundo" la responsabilidad que debes implementar en iniciar amar del modelo movimiento te dará la fuerza para saber que tú eres el responsable

de tu vida y así de la motivación que le vas a dar a las ventas. La motivación de imaginarse muchas ventas tendrá sus resultados positivos, la motivación que deben desarrollar para aumentar nuestra venta. La buena venta es vender como un hábito natural de nuestra vida.

La actitud positiva nos hace ver cualquier inconveniente de una forma más agradable.

Marketing

En el mundo de las ventas el marketing donde estoy trabajando es muy importante para la planeación y motivación que tengo para realizar mis ventas.

Marketing es una herramienta que todo vendedor debe conocer.

Todas las empresas de una u otra forma utilizan técnicas de marketing, incluso, sin saberlo. Marketing no es otra cosa que la realización de intercambios entre un mínimo de 2 partes de forma que se produzca un beneficio mutuo.

La mayoría de las personas cree que el marketing (o mercado, mercadotecnia, que vendría a ser su traducción literal al castellano) consiste en hacer publicidad (muchas veces de forma "poco ética") para vender indiscriminadamente un producto a todo aquel usuario que se exponga a un anuncio o a una campaña de promoción.

La mayoría de los profesionales del marketing y de los consultores de empresa deben aclarar de antemano que el marketing incluye la publicidad como uno de sus elementos integrantes, pero es mucho más.

La mayoría de las empresas modernas tiene un departamento clasificado como tal que se ocupa de las funciones específicas que se asocian con esta actividad.

El marketing se encuadra desde el punto de vista de sus resultados finales, que no son otros que satisfacer las necesidades y demandas de los consumidores y por consiguiente, vender.

De la misma forma que no es fácil una definición de "marketing", tampoco es fácil una tipología de esta disciplina con arreglo a un criterio determinado.

Un buen análisis de marketing debería tener en cuenta los objetivos, las estrategias desarrolladas para la consecución de dichos objetivos, y el entorno, tanto interno como externo, de la empresa que se estudia.

Es el conjunto de actividades que mediante varios medios (correo, televisión, publicidad directa), se ofrecen productos o servicios a segmentos del mercado previamente definidos, para que se obtenga al consumidor potencial una respuesta directa.

Las 4 P del marketing

Producto: son los bienes y servicios que se ofrecen a los consumidores con la finalidad de satisfacer sus necesidades.

¿Qué quiere el cliente de nuestro producto o servicio?

¿Qué necesita que el producto satisfaga?¿ Qué característica tiene que tener para satisfacer sus necesidades?

Precio:

El valor monetario de un producto de acuerdo a su demanda, calidad, distribución, descuentos, garantías rebajas del producto para los consumidores potenciales.

¿Qué valor tiene el producto o servicio para el cliente? ¿Hay precios estándar ya establecidos?

Plaza:

Es la ruta y ubicación que un producto toma según avanza por el mercado, el canal o ruta incluye al productor y consumidor, lugares, transporte, almacenamiento, despachos.

¿Dónde buscaron tus clientes el producto o servicio? ¿Qué tipo de tienda o comercio? ¿Cómo acceder a los correctos canales de distribución?

Promoción

Es el conjunto de técnicas que desarrollan las empresas para dar a conocer sus productos o servicios a los consumidores para que estos se vean impulsados a comprarlos.

Por medio de publicidad, ventas, personales, promociones, exhibición, ventas electrónicas.

¿Dónde y cuándo comunicar los mensajes dirigidos al cliente objetivo? ¿Cuál es el mejor momento para hacerle promoción? ¿Cómo promociona la competencia?

Objeción

Es importante en este mundo de las ventas que muchas veces mi motivación puede decaer solo por el hecho de no saber contestar una objeción a un cliente por eso mi objetivo de motivación mutua ósea entre el cliente y yo debe ser siempre al

100 %.

Superar las objeciones

Superar una objeción elimina una barrera para comprar. Lo que su cliente potencial realmente está diciendo es: "yo le compraría, pero". Las siguientes son las maneras como puede superar las objeciones:

. Para frasear la objeción para asegurarse que ha escuchado adecuadamente. Utilice una pregunta cerrada para comprobar que captó el tema y comprendió bien. La mejor manera de lograrlo es hacer que sus frases comiencen con "de manera que lo que usted quiere saber es…".

. Suministrar información que apacigüe el asunto, y cuando sea posible ilustrar su punto con algún beneficio adicional.

. Utilice una pregunta cerrada para comprobar si su cliente potencial ahora está cómodo y preparado para efectuar una orden.

Muchas veces las objeciones sirven para vender más rápido nuestro producto o servicio, para que no tenga muchos problemas en las objeciones.

1. Afróntela
2. Conozca bien su producto o servicio
3. Escuche bien

4. Mantenga la calma
5. La energía le debe dar seguridad
6. Trate de reducir sus objeciones al mínimo

Debe estar preparados para todas las objeciones y manejarlas con la inteligencia de un buen vendedor, la motivación nos ayudará a poder enfrentarlas.

Objeciones

1. Respetar el punto de vista del otro
2. Comprender bien el asunto
3. Confirmar con una pregunta cerrada
4. Utilizar herramientas de ilustración
5. Pensar antes de contestar
6. Llevar testimonios
7. Aceptar que puede equivocarse

Territorio

Territorio

El territorio fija todo lo que tengo que realizar para mi meta, es decir debo estudiar el territorio y segmentarlo cuando este organizando mi planeación estratégica con el modelo movimiento.

Transmitir

Es importante el mensaje que transmitimos al cliente para que entienda nuestro producto o servicio.

Muchas veces es más importante la transmisión de la emocionalidad que el mensaje estamos dando. Por esto debemos transmitir energía positiva y optimismo cuando realicemos nuestras demostraciones de ventas.

Debemos transmitir una leve sonrisa de aceptación de nuestro servicio o producto.

Telemercadeo

Es importante realizar llamadas para acordar citas dónde sea necesario.

Organizarse y escribir.

Iniciativa

La iniciativa es muy importante en el mundo de las ventas porque si tenemos motivación la iniciativa de cada ser viene por añadidura, la iniciativa se refleja en el inicio de nuestra venta y la información que tenemos de nuestro producto, de nuestro cliente, nuestro territorio, nuestro mercado etc.

Entre mayor información tengamos de nuestro producto y de nuestros clientes cualquier iniciativa que debamos realizar para la consecución de la venta fluirá instantáneamente.

Información sobre la competencia debes conocerla muy bien. Ofrecer siempre la información correcta.

Infórmate de todo lo referente a la venta.

Ventas

La venta es nuestra meta que la lograremos con el modelo movimiento y motivación ya que estos dos modelos nos tendrán motivados para alcanzar todas las metas propuestas en la venta de nuestro producto o servicio.

Obtener órdenes
Plazos cortos
Ganancias del vendedor
Buena comunicación

Etapas

El ciclo de la vida de un artículo se divide en cuatro etapas. Cada fase corresponde con una tendencia de las ventas de dicho producto

Etapa de introducción

Etapa de crecimiento

Etapa de madurez

Etapa de declinación

Etapa de introducción

Marca el inicio de la vida del producto o servicio. Durante esta etapa, los beneficios que aporta el producto a la compañía son mínimos, las ventas son muy bajas y aun no alcanzan para cubrir sus costos de producción y comercialización.

El producto, todavía no es conocido, la empresa debe invertir mucho en promoción y publicidad.

En esta etapa, la empresa debe calibrar muy bien el grado de implantación que pretende conseguir e invertir lo necesario para los beneficios que desea obtener con el nuevo producto o servicio.

El costo de producir la unidad es alto, con lo que los precios de introducción también suelen ser altos.

Muchas veces el rendimiento del producto es negativo y se debe insistir invirtiendo dinero para conseguir los clientes.

Etapa de crecimiento

Cuando el producto empieza a ser aceptado en el mercado, las ventas empiezan a crecer y los beneficios se vislumbran, todavía en forma lenta.

Los costos de fabricación se reducen (Por una mayor experiencia en la producción, o por una producción de mayor volumen) y los ingresos crecen superan gastos, los cuales tienden a estabilizarse. Sin embargo, muchas empresas optan por mantener aún un precio alto. La promoción y la publicidad siguen siendo fundamentales para dar a conocer la imagen de marca en el mercado y alcanzar la necesidad del producto entre los usuarios.

Etapa de madurez.

Llega un momento en que el producto ya tiene un mercado y las ventas alcanzan su nivel más alto. La demanda del producto, entre clientes fijos y ocasionales, se normaliza y los costes, han seguido reduciéndose.

En principio, y si todo se ha desarrollado con normalidad, los recursos son altos y la empresa empieza a recoger sus utilidades, sin necesidad de reinvertir.

Etapa de declinación

Ante la saturación del mercado, algunos competidores se van y aparecen productos sustitutivos.

Los beneficios pueden convertirse en perdidas y las ventas empiezan su descenso, se deben medidas para esto.

Lo que hemos visto hasta ahora es la teoría de las etapas del producto, la vida de un producto o servicio, la realidad puede ser diferente.

Y más aún en tiempos modernos.

Valor - Valores

Los valores que tenemos como persona son importantísimos para que nuestra venta sea un éxito en nuestro modelo profundizaremos un poco más este tema con preguntas para conocer y afianzar nuestros valores. Pero nos enfocaremos más en la valoración a todo lo relacionado con nuestra venta ese valor agregado que debemos tener en todo nuestros actos.

El valor del aprendizaje para un vendedor es muy importante ya que lleva su carrera a otro nivel. Cuando aprendes inconscientemente empiezas a practicar todos los valiosos conocimientos que vas adquiriendo y así tus movimientos serán de inspiración y por supuesto de motivación para lograr ser el vendedor más motivado del mundo.

En este tema debemos resaltar que el valor emocional para una compra es inclusive más importante que la necesidad que tiene sobre el producto o servicio, según estudios del tema emocional. (Inteligencia).

El valor agregado es tangible e intangible

Tangibles

Muestras gratis

Publicidad

Revistas

Intangibles- Rueda de negocios, cursos de desarrollo personal, invitaciones a eventos.

Más adelante tendremos un ejercicio de Valores.

Asertividad

Es un comportamiento comunicacional en el cual la persona no agrede ni se somete a la voluntad de otras personas, sino que manifiesta sus convicciones y defiende sus derechos, es decir saber cuándo se comunica al cliente no lo hiere, perjudica, sin comunicación de rabia ansiedad.

Es un término nuevo que es importantísimo en el proceso de la venta.

Muchos autores consideran que asertividad es sinónimo de habilidades sociales y otros autores consideran que la asertividad es solo una parte de las habilidades sociales.

Yo estoy de acuerdo con el segundo grupo ya que las habilidades sociales abarcan muchos otros aspectos.

Dar siempre la razón no significa ser asertivo ya que podemos y debemos expresar nuestras opiniones sean correctas o no, en el caso de las ventas el ser asertivo es cuando expresamos nuestros puntos de vista respetando a nuestros clientes

Cliente

Es un secreto de mis experiencias en ventas.

He vendido desde perfumes, joyas, muebles, Servicios Inmobiliarios, seguros, publicidad, Entretenimiento en deportes, Aluminio y todo lo relacionado.

En fin tantos productos y servicios, que si sigues esta técnica de las 9C , tendrás una venta seguramente éxitosa.

Cliente

El cliente es importantísimo para realizar la venta y en él se enfoca todo nuestro éxito para una venta satisfactoria, siempre tendremos el contacto directo con nuestro cliente cuando estamos realizando una venta.

Acercarse bien al cliente con un conocimiento amplio de lo que realmente él quiere para poder ofrecer un producto o servicio óptimo a nuestro cliente. Debemos tener una lista de clientes es decir un archivo donde vamos organizando los clientes de acuerdo a su territorio.

Es muy importante cuando seguimos el modelo movimiento en el movimiento notas escribir todo lo relacionado con nuestro posible cliente y también nuestro cliente ya obtenido. Es vital seguir nuestra relación con el cliente incluso después de la venta.

Al cliente hay que escucharlo, observarlo, servirle y entenderlo.

El cliente es la razón de ser de un negocio o servicio enfocado a las ventas.

Clientes y sus tipos

El que no se decide: es el cliente que sólo escucha y tiene un rostro impenetrable. Hay que preguntarle para hacerlo hablar.

El que habla: Establezca el dialogo y aprenda a escuchar, sin interrumpir.

El que pregunta: cuando el cliente pregunta, aguarda una respuesta. Además, si pregunta es que está interesado en comprar.

El que discute. Si el cliente le gusta discutir es que espera le den razón consistente y no de compromiso. Insinué algo con habilidad y trate de que la idea parezca de su cliente, pero no discuta.

El tímido: Es el que no se atreve a decidir. Requiere gentileza y no agresividad; comprensión y confianza, porque le da miedo equivocarse.

El que se expande: Lleva la iniciativa de la conversación y volver a la venta, porque puede resultar la entrevista muy larga y no sólo podemos perder esa venta, sino otras que aguardan, debido al tiempo requiere mesura.

El que no se concentra: Tenga presente que e de la atención requerida. Pregúntele si le preocupa algo con respecto a la mercancía. Vuelva al tema del producto para que sea participe de la presentación.

El que no confía: Duda del producto, desconfía de sus palabras, pero si conoces el producto podrá vencer tosas sus objeciones.

El variable: No sabe lo que quiere: cambia mucho y necesita ayuda   aprobación.

El malhumorado: Puede serlo o   dar la impresión. Sea atento, servicial y no demuestre controversia. Sonrisa cordial y un buen carácter.

Por favor mucho tacto.

El comunicativo: Sociable, su conversación es muy dominante y la venta no se concreta.

Puede ser extrovertido, agradable,   e ingenioso, pero por favor retome su presentación.

Vuelva a la venta.

El silencioso: Es muy callado.

Mediante preguntas puede extraerle palabras y verifique que su presentación es atendida.

El que busca rebajas: busca descuentos y toda clase de reducciones.

Cuando está planteado el precio final y el vendedor da precios de promoción ya en este punto no es creíble esa promoción.

Comunicación

La comunicación es un proceso en el que intervienen 2 o más personas (Emisores del mensaje y receptores del mismo) y el medio por el cual se transmite la idea.

La sintonía se presenta cuando usamos un lenguaje común entre ambos.

Cuando el lenguaje es común entre el vendedor y el cliente todo lo referente a la venta es más eficiente y fluido.

Recordemos que hacen parte de la comunicación:

Los gestos

El cuerpo y su posición

Los contactos

Los gestos

Miradas

Expresiones

El cliente puede ser

Visual

Son los clientes que quieren mirar el precio, ver el producto, Un informe que pueda mirar, ver los resultados, mirar estadísticas y ver gráficas.

Sus expresiones son generalmente

Ver, mirar, oscuro, claro, observar.

Clientes auditivos

Son clientes que prefieren comunicarse

A través de los sonidos de su escucha.

Sus expresiones son

Conversar, expresar, charlar, decir, escuchar.

Clientes sensoriales

Predomina la comunicación a través de los gestos, las miradas lenguaje corporal.

Sus expresiones son firme, sentir, equilibrio, tocar, coger.

Continuidad

Es importantísimo realizarle seguimiento a nuestro cliente y esto es lo que significa la continuidad ósea la continuidad de nuestras relaciones con el cliente para realizar un buen servicio.

Los clientes deben entender que al comprar nuestro producto o servicio a continuidad de las relaciones cliente - vendedor seguirán hasta el momento que se requiere.

Muchas veces la continuidad puede ser bien con el mismo producto o servicio o con un nuevo producto o servicio dependiendo de nuestras ofertas.

En continuidad me refiero a la continuidad que debo realizar con mi cliente.

Es seguimiento que poder ser telefónico, correos, visitas, tarjetas de navidad, información de promociones y nuevos productos o servicios.

En el modelo expresamos iniciar amar y agradecimiento. Llama a tu cliente a darle gracias por su compra.

Continuidad en el servicio al cliente con:

Servicio excelente, Servicio antes-durante-Post venta, Apoyo profesional, Cumplimiento, Atención a quejas y reclamos, Nuevos pedidos.

Conexión

La conexión que tengamos con nuestro cliente debe estar muy influida para que la emocionalidad del cliente sea un factor importante para la compra de nuestro producto o servicio.

Cuando el cliente entienda la necesidad y la urgencia de comprar nuestro producto o servicio

Es el camino correcto para cerrar nuestra venta y poder entender que la conexión cliente vendedor fue óptima.

Confianza

La confianza que nuestro cliente sienta por nosotros es de vital importancia para poder vender nuestro producto o servicio al cliente que nos da la confianza y al mismo tiempo a quien le damos la confianza.

Es importante cuando tenemos una autoestima alta que nuestra confianza en nosotros mismo también sea lo más alto posible.

Cuando estamos seguros de obtener nuestra venta y cerrar la venta lo más seguro es que hemos tenido confianza en nuestro producto, en nuestra empresa y en nosotros mismos.

La confianza que le damos al cliente es definitiva para la adquisición de un producto o servicio.

La confianza más importante que debes tener es en mi confianza.

Confía en tus cualidades de vendedor. Si sigues los modelos de este libro, seguramente vas adquirir la información precisa y concisa de vender.

Las pautas necesarias para convertirte en el vendedor profesional que quieres ser.

Conocimiento:

El conocimiento de todo lo que rodea la venta es primordial para der un vendedor profesional de éxito.

Siempre en este manual reitero lo del conocimiento en todo lo referente a las ventas.

Desde mi conocimiento hasta el del cliente.

Cierre: Profundizamos más en técnica en el modelo movimiento.

Control: De toda mi información y control en mi venta

Calma: Mantener la calma en todo lo referente a mi venta.

Imagen

Indagar (referente al tipo de cliente en cuanto a ventas se refiere que se explica en clientes)

Indagar e investigar todo lo referente a la empresa o al cliente que tenemos al frente para nuestra futura venta. Cuando estamos en la demostracíon se suele indagar con respecto al cliente su necesidad de nuestro producto o servicio.

Indagar todo lo referente a la respuesta que debemos darle a nuestros clientes para que se convierta en una venta exitosa

Cuando estudiamos analizamos y ofrecemos todo a nivel de la excelencia vamos a obtener y a desarrollar el éxito esperado de nuestro producto o servicio.

Se debe indagar el mercado donde se va a trabajar y realizar listas para encontrar nuevos clientes.

Sugerencias para encontrar nuestro cliente

1. Directorios
2. Prensa
3. Catálogos
4. Internet
5. Referidos
6. Lista de la cámara de comercio
7. Vecinos
8. Clientes
9. Lista de centros comerciales.

Indagar en tecnología. Debemos conocer los nuevos conceptos tecnológicos para avanzar con ellos.

Como el internet donde el marketing se puede aprovechar de acuerdo a las necesidades de mi producto o sevicio.

Imagen

Hasta aquí, el principio general. Ahora bien, hay clientes especiales, selectos o muy habituales con los que esta premisa básica no vale. En ocasiones, la empresa considera que merece la pena invertir todo el tiempo que sea necesario para convencer a un cliente descontento – incluso a sabiendas de que está equivocado – porque la calidad, prestigio o frecuencia de compra de dicho cliente harán que, a

A largo plazo esa inversión resulte beneficiosa para la compañía. En este caso, es muy importante intentar demostrar al cliente nosotros no hemos fallado y preservar así, ante sus ojos, la calidad y eficacia de nuestra empresa.

En muchas ocasiones una vez convencido, le ofrezcamos alternativas que equilibren su descontento inicial.

La imagen es muy importante donde se incluye vestimenta y puntualidad. Incluso unas tarjetas personales profesionales que demuestren tú marca personal.

Acostumbro llegar 10 minutos antes de una cita de ventas.

Obtener

Obtener todo lo que nos hemos propuesto si utilizamos correctamente el tiempo los recursos y todo lo que esté al alcance de nuestras manos para que nuestra planeación y nuestros movimientos nos lleven al éxito de nuestra venta del producto o servicio.

Observar con interés lo que el cliente nos está diciendo porque si estamos concentrados vamos a resolver todas las objeciones que se presenten con nuestros clientes.

El interés incluye ese interés de capacitarnos y educarnos cada día más para convertirnos en un profesional de las ventas y así nuestra emocionalidad fluye por el lado positivo y exitoso de parte nuestra.

Negociar vs Vender

El proceso de negociar también se confunde con vender. Al negociar se utilizan muchas técnicas de ventas pero difiere en que es un proceso mucho más complejo. Quien está negociando busca una solución que resuelva las necesidades de ambas partes – algunas veces opuestas-. Las habilidades de ventas se necesitan para que los negociadores centren sus interacciones y logren compromisos en cada etapa, mientras el acuerdo se concluye exitosamente.

Construir relaciones

Plazos largos

Ganar cliente y vender

Habilidad de venta

Directo.

En mi demostración

En mi demostración

En mi demostración es de los aspectos más importantes para el hermoso mundo de las ventas se podría decir que en este modelo de motivación esta demostración sería un arte.

El vendedor debe preparar la demostración y todos los aspectos relevantes de su producto el día que va a ofrecerlo a sus clientes.

En este aspecto el modelo movimiento cobraría una importante y altísima para la planeación de su visita de sus ventas y sus metas. Una buena presentación debe contener

1-Explicación corta de tu producto o servicio

2-Concepto de nuestro producto o servicio

3-Cómo funciona

4-Beneficios

5-Cierre exitosa de la venta

Empatía

Empatía es muy importante ya que con esto sabemos entender con más precisión la necesidad de nuestro cliente y podemos igualar muchos aspectos con nuestros clientes.

La empatía es esencialmente la capacidad de ponerse en el lugar del otro, la habilidad para sentir de manera precisa las reacciones, sentimientos y necesidades de nuestro interlocutor.

La empatía implica la posibilidad de entablar una comunicación fluida y constructiva, a través de una actitud sensible y receptiva hacia el otro.

Una persona empática reconoce con relativa facilidad las pistas y claves que le da su oyente para relacionarse con él de manera efectiva y gratificante para ambos.

Escuchar: Todas las preguntas y objeciones de mi cliente y esperar para responder algo clave al menos 5 segundos.

Necesidad

Debemos encontrar la necesidad y convertirla en un beneficio de lo que estamos ofreciendo debemos saber escuchar y observar y así cuando encontramos la necesidad del cliente de su producto o servicios y la detectamos podemos cerrar una venta con éxito.

Es importante el tiempo adecuado y preciso para comunicar y expresar que queremos servir con nuestro producto o servicio a nuestro cliente.

Debemos resumir las necesidades que nuestro producto o servicio puede resolver a nuestro cliente, y expresarle lo que hemos sentido, lo que hemos entendido de su necesidad y exponerle nuestro resumen con una pregunta.

Modelo Movimiento

El modelo movimiento inicio es parte fundamental para una buena venta en todos los sentidos si deseas complementar el modelo movimiento impulso y refuerzo puedes comprar el libro motivación.

Hemos llegado a uno de los modelos más importantes para planificar nuestras metas correctamente y completamente.

El modelo movimiento tiene tres fases: inicio, impulso y refuerzo.

Nos hemos enfocado en la fase inicio ya que consideramos que con esta guía te puedes convertir en el vendedor más motivado del mundo y más eficiente.

Interés – Iniciar Amar

Interés

El interés que debemos darle al cliente dependerá mucho en el éxito de nuestra venta.

Mantener interesado a nuestro cliente es vital para un cierre feliz y completo entre las partes.

Debemos mantener interesado a nuestro cliente utilizando todos los medios que ofrece las redes sociales y el internet y así ese incentivo de nos va convertir en un beneficio más de todas nuestras propuestas.

Iniciar Amar

Iniciar amar es de los modelos más importantes de nuestro modelo motivación como lo hemos explicado siempre debemos iniciar amar nuestros movimientos y nuestras metas y al iniciar la continuidad es muy importante ya que nuestro amor no debe disminuirse en ningún momento.

Iniciar amar el trabajo que estoy realizando utilizando todas esas herramientas que tengo a disposición como por ejemplo talentos que no he descubierto que tengo para utilizarlos en pro de mis metas

Anticipación

La anticipación como bien la palabra lo dice debemos anticiparnos al hecho en este modelo motivación quiere decir anticiparnos a las respuestas de las posibles preguntas que nos pueda dar nuestro cliente. Es muy importante aclarar que debemos saber escuchar y en ningún momento desviar nuestra mente a la próxima pregunta que le vamos a hacer al cliente. Anticipación es preparar las respuestas para que sean naturales al responderle a nuestro cliente por eso debemos estudiarlas anticipadamente para no caer en el error de no saberla contestar o de desviar nuestra mente en otro sentido.

Mercado

En el mundo de las ventas el mercado donde estoy trabajando es muy importante para la planeación y motivación que tengo para realizar mis ventas. Por muy efectiva y original que sea nuestra campaña publicitaria, es imposible llegar a un mercado que no conocemos bien. Los primeros pasos de una relación amorosa se fundamentan en el mutuo conocimiento de los miembros de la pareja: gustos, aficiones, aspiraciones... dos desconocidos no se entenderán si previamente no intentan conocerse.

El mercado tiene unas características homogéneas que debemos descubrir para conocer la razones por las que los clientes nos van a preferir a nosotros y no a la competencia. La empresa debe definir mercado objetivo y se concentre en ese territorio.

El mercado es el grupo identificable de consumidores con cierto poder adquisitivo, que están dispuesto a pagar por un producto o servicio.

Ampliar

Ampliar todo lo relativo a nuestros conocimientos en ventas y desarrollo de nuestra profesión para que cada día ampliemos más nuestra mente y seamos más abiertos a aprender y a actualizarnos en muchos aspectos como por ejemplo la tecnología. Ampliar como la misma palabra lo expresa es amplio, en este caso debemos enfocarnos en ampliar nuestros conocimientos, nuestras relaciones, nuestra inteligencia emocional, nuestra inspiración, nuestras técnicas, nuestro agradecimiento, nuestra actitud, nuestra responsabilidad, nuestro orden, nuestra imaginación, nuestra innovación, nuestro optimismo y nuestro modelo movimiento.

Ampliar en el buen sentido de abundancia y de aumento de todo lo que se requiera para un óptimo desempeño en una de las profesiones más hermosas en el planeta tierra que son las ventas.

Reflexión

La palabra reflexión es muy importante cuando no hemos cerrado la venta y cuando la hemos cerrado. Cuando no hemos cerrado la venta debemos reflexionar que nos hizo falta, y que debemos complementar y expresar a nuestro cliente para el cierre de la venta. Si cerramos la venta la reflexión es utilizar la táctica que hemos utilizado en esta venta y reflexionar en lo que debemos mejorar.

Respuesta

La respuesta que nos da el cliente de nuestro producto o servicio nos va indicando si es de su agrado o no es de su agrado. Es importante captar en sus respuestas su emocionalidad para entender el grado de agrado de nuestro producto o servicio.

La respuesta que le proporcionamos a nuestros clientes a sus preguntas son parte fundamental para el éxito de nuestras ventas.

La motivación como expresamos estas palabras va a afectar el grado de aceptación de nuestro producto o continuidad en nuestro cliente.

Es importante retarme todos los días a ser mejor y vender cada vez más.

Repetición

De mis 2 modelos Movimiento y Motivación

Síntesis Modelo Motivación En MÍ

M = Marketing (Mercadeo)

O = Objeción

T = Territorio +Transmitir + Telemercadeo

I = Iniciativa **+** información

V = Ventas + Valores

A= Asertividad +Armonía

C= 9C Cliente-Comunicación-Continuidad-

Conexión-Confianza-conocimiento-cierre-control-calma

I= Indagar +Imagen

O= Obtener

N= Negociación

E=En mi demostración+ Empatía +escuchar

N= Necesidad

M= Modelo Movimiento

I= Interés + Iniciar Amar

Anticipación

Mercado

Ampliar

    Reflexión + Respuesta+ Reto+ Repetición

Modelo Movimiento – Movimiento Inicio

Bienvenido a un modelo que te ayudara a planificar tu meta en una 7 ,14 y 21 días. Si lo aplicas correctamente cambiara tu vida por el solo hecho de poder realizar esta meta.

Con esta teoría las metas se planifican mejor en cada semana y así hay más posibilidad de lograrlo a corto, mediano o largo plazo.

Nos hemos enfocado en una meta planificada en una semana y hasta tres semanas, pero en realidad el modelo se puede aplicar también a la organización de tu semana en las tareas con propósito cotidianas.

La meta puede realizarse una semana o revisar cada semana los movimientos que se han realizado para el cumplimiento de la meta.

Cuando en este libro me refiero a (EN MI), Se refiere a ti a cada persona que va a realizar el modelo.

Puede ser una meta más larga pero es la persona la que decide si es Movimiento o Movimiento Impulso, Movimiento Refuerzo.

Es un auto-entrenamiento.

Guía:

Prefiere no hacer parte del gran número de personas que prefiere seguir despreciando sus días en críticas, quejas, cinismo, inacción, simple sobrevivencia.

Este programa es una gran oportunidad.

-	Descubrir lo que es lo que te detiene u obstaculiza y que hacer al respecto.

-	Alcanzar tus metas.

-	Descubrir cómo llevar tu mente al máximo potencial de tal manera que puedas crear los resultados que quieres en tu vida.

\-   En este programa lo que encontraras son estrategias y herramientas basadas en la ciencia de cómo funciona nuestra mente y emociones y como usarlas para crear el éxito que buscamos.

\-   Es el momento de creer en ti mismo.

\-   Cuando se tiene las herramientas adecuadas todo es posible.

\-   Se requiere que lo implementes con determinación, solo así vas a obtener los resultados que buscas.

\-   Conectar todos los días el movimiento es el camino de cada movimiento lo que cuenta.

\-   Es un modelo donde la motivación y la inspiración estarán presente en todo momento.

\-   La motivación personal la tendrás presente todos los días realizando tu movimiento.

-       Vas a tener éxito para alcanzar y lograr las metas.

-       Tu vida va a cambiar con la planeación de tu meta y el logro de la misma.

Me gustaría felicitarte por la decisión de comprar esté libro

"La acción es el fruto propio del conocimiento" T.Fuller

-       Esté modelo movimiento es una herramienta importantísima para lograr y crear la vida que queremos y ayudar a otros a que también cumplan y lo logren.

-       Construye un hábito para los cimientos indispensables para su entorno.

-       Expande la claridad de sus metas y como alcanzarlas

-       Tendremos muchos ejercicios de práctica, por eso será un modelo maravilloso.

Sugerencia:

Comprar un cuaderno o libreta. Para realizar los ejercicios.

Es un libro de trabajo muy especial.

-       Un cuaderno de trabajo.

Es un método para llevar y realizar un paso o movimientos todos los días

Debes memorizarte en cada movimiento las siguientes claves

Son 2 movimientos diarios

1.   Movimiento inicio

Favor memorizar así:

MO – Lunes

VI – Martes

MI – Miércoles

EN – Jueves

TO – Viernes

EN – Sábado

MI – Domingo

Saber que son 2 sílabas de la palabra movimiento cada día de la semana

Por eso es preferible empezar el lunes aunque no es indispensable.

El método se explica para empezar el lunes si la persona lo cambia solo debe escribir las 2 sílabas en el día que comienza.

Ejemplo empezando el martes:

Martes – MO

Miércoles – VI

Jueves – MI

Viernes – EN

Sábado – TO

Domingo – EN

Lunes – MI

Y así sucesivamente

Repito es más fácil para memorizar empezando el lunes y también el ejemplo del libro es siempre empezando el lunes.

La persona sabe que son 2 silabas cada día.

Incluso para recordar mejor se puede guiar por el miércoles que siempre son las 2 silabas MI

Ejemplo

Lunes

Martes

Miércoles MÍ

Inteligencia aumentar la inteligencia, pensar, leer, varias soluciones para un objetivo.

Inteligencia Emocional es la capacidad humana de sentir, entender, controlar y modificar estados emocionales en uno mismo y en los demás. Inteligencia emocional no es ahogar las emociones, sino dirigirlas y equilibrarlas.

Agrupa al conjunto de habilidades psicológicas que permiten apreciar y expresar de manera equilibrada nuestras propias emociones, entender las de los demás, y utilizar esta información para guiar nuestra forma de pensar y nuestro comportamiento.

El modelo movimiento le permite
Aprender las relaciones con el modelo
Modelos para realizar la eficacia

Reforzar habilidades en mí
Expansión
Ejercitarme
Entrar por primera vez al mundo del modelo movimiento

La meta es algo que se desea realizar a corto, mediano y largo plazo.

Los objetivos son realizaciones concretas que se logran siguiendo una

Serie de pasos.

Es importante aclarar que a veces refuerzo los conceptos.

Por 2 motivos en especial.

1-Para que sea mejor entendido el método

2-Una técnica especifica del modelo

Ejercicio

Escoger cinco metas de ventas que desea realizar y escribirlas

1.

_____

_____

2_____

_____

3.

_____

4.

_____

Preguntas en mi modelo

1. ¿Qué quieres para llevar tu vida a otro nivel?

2. ¿Por Qué es tan importante?

3. ¿Quién eres tú? Descríbete

4. ¿Cuál son tus valores?

5. ¿Cuál es tu meta? Metas de mayor a menor

1._____
_____
_____

2._____

_____

_____

_____

3._____

_____

_____

_____

4._____

_____

_____

_____

5._____

_____

_____

Aprendizaje

De La habilidad llega a ser natural del comportamiento – hasta notar que es capaz de realizarse en forma natural.

Escalera

DONDE SUCEDE
EL APRENDIZAJE

Competencia inconsciente

Competencia consciente

Incompetencia inconsciente

Incompetencia consciente

Es importante que cada día de la semana lo que deba realizar para su cumplimiento se vuelva natural.

Es decir cada día me propondré en realizar lo que me corresponde en orden y con el pensamiento del triunfo en mi meta.

Vamos más allá

Es decir mi vida con la planeación de la meta se moverá de nivel.

Es importante aclarar que este modelo es de auto entrenamiento es decir realizar los ejercicios con la ayuda del libro.

Existen muchos profesionales que pueden acompañarte a realizar las metas y es muy Valido también.

Existen muchos profesionales para tal fin y con óptimos resultados.

Recuerda que esté método es de auto entrenamiento pero también puede ser acompañado por un entrenador profesional.

Avanzando en nuestras habilidades

Aprenderemos sobre nuestra creatividad y liderazgo para llevar nuestra vida al siguiente nivel.

Puede ser que algunos de los conceptos que vas a encontrar en este método te sean repetitivos, es muy importante una actitud de "Donde puedas ver desde otra perspectiva en especial que los veas como parte de un sistema de desarrollo personal y como una herramienta que le servirá a ti a mejorar tu vida en cualquier campo, es sólo una semilla del entrenamiento para que cada vez avanzar más".

Cuando estamos abiertos a aprender y a llevar nuestro conocimiento a otro nivel.

Avanzando en mi semilla

-   Riesgos: todo implica un riesgo

- Creatividad: la meta debe complementar nuestra creatividad
- Metas: escogemos cinco metas y desarrollaremos una
- Liderazgo : liderar esa meta
- Lograremos esa meta.

Ejercicio

Escribir que es lo que me motiva a realizar las metas

En mi semilla

Movimiento Inicio

Lunes – MO Corresponde a las palabras

Metas

Organización

Martes – VI Corresponde a las palabras

Viable

Imaginación

Miércoles – MI Corresponde a las palabras

Motivación

Innovación

Jueves – EN Corresponde a las palabras

Escribir

Numerar

Viernes – TO Corresponde a las palabras

Técnica

Optimismo

Sábado - EN Corresponde a las palabras

Enfoque

Nuevo

Domingo – MI Corresponde a las palabras

Me gusta

Iniciar AMAR

MO – Lunes

VI – Martes

MI – Miércoles

EN – Jueves

TO – Viernes

EN – Sábado

MI – Domingo

.

M = Meta

. **O** = Organizar

. **V** = Viable

. **I** = Imaginación

. **M** = Motivación

. **I** = Innovación

. **E** = Escribir + Emoción

. **N** = Numerar

. **T** = Técnica

. **O** = Optimismo

. **E** = Enfoque

. **N**= Nuevo

. **M**= Me gusta

. **I**= Iniciar Amar

       . **A**= Actitud

       . **M**= Movimiento

       . **A** = Agradecer

R = Responsabilidad

Movimiento Inicio

Meta –

Escojo la meta
Organizo todo para empezar la meta y establezco un orden viable la meta debe ser

La meta de mis ventas debe ser clara
Organizar todo lo relacionado con las ventas. Organizar

1-Tiempo (Tú día)
2-Visitas

3-Clientes

4-En mi presentación

5-Objeciones

6-Modelo Motivación

7-Modelo Movimiento

Las metas es lo que queremos que se nos cumpla en corto mediano o largo plazo.

Mis propósitos pueden varias en:
1. Personales
2. Familiares
3. Profesionales
4. Laborales

Con el modelo movimiento puedo planificar las metas viables que me propongo ya que cada día realizo mínimo dos movimientos con la motivación adecuada para esforzarme y alcanzar mis sueños.

Viable

Es decir alcanzable.

Mi meta debe ser viable para ser alcanzable.

La viabilidad de mi meta es muy importante ya que si es una meta inalcanzable va a ser muy difícil lograr esa específica meta.

Imaginación: puedo imaginar la meta ya realizada.

La imaginación también se refiere a todo lo que puedo planear y estructurar para la realización de la meta.

Debo imaginarme en primer lugar todo lo que voy a vender para mejorar siempre.

Imaginar que voy a ser el vendedor más motivado del mundo me ayudara a crecer.

Motivación debo tener una motivación alta para que todos los días pueda realizar un movimiento, el libro de motivación me sirve mucho para aumentarla cada día.

Para el vendedor más motivado del mundo.
http://www.amazon.com/Motivaci%C3%B3n-Alcanzar-inspiraci%C3%B3n-vida-Logra-sue%C3%B1os-%C2%A1-ebook/dp/B00RDWHVBY/ref=sr_1_2?ie=UTF8&qid=1438811532&sr=8-2&keywords=motivacion

Innovación se refiere a la metodología que voy a utilizar para la que la meta se cumpla debo pensar en algo nuevo que no he realizado hasta este momento para que la meta si se cumpla.

Innovar en mis técnicas de vender.

La innovación está muy de moda por estos días

Innovar significa cambiar las cosas introduciendo novedades, cuando innovamos en las ventas es importante pensar en términos del avance del tiempo.

Para aumentar las ventas es importante innovar, con innovación aumentamos el número de clientes, las ventas, la repetición en la venta.

La motivación es clave para la innovación en el campo de las ventas tanto el cliente como el vendedor.

Escribir las metas en tu programa de Ventas

Escribir los pasos que puedo y debo realizar para que la meta sea una realidad.

Escribir todo lo que voy a realizar.

Escribir todo lo relacionado con mi cliente y en general con mi producto o servicio.

Escribir inclusive las emociones que puedo sentir al realizar mis movimientos y cuando se refiere a las ventas debo escribir las emociones que el cliente me transmiten y al mismo tiempo las emociones que yo transmito a mi cliente.

Escribir ideas nuevas.

Emociones

Las emociones son un factor importante en el mundo maravilloso de las ventas ya que todos los seres humanos somos emocionales y al mismo tiempo todos los seres humanos somos vendedores.

Debemos aprender a manejar nuestras emociones especialmente cuando nos alteramos y nuestras emociones no nos dejan actuar de una manera acertada.

La actitud metal positiva juega un papel importante en nuestras emociones y en como desarrollamos nuestras inteligencias en especial la emocional , nuestro modelo iniciar amar nos ayudara en el aspecto emocional.

Iniciar amar nuestras emociones positivas y placenteras.

Numerar se refiere especialmente a numerar fechas donde yo pienso que se va a realizar la meta.

Es decir números tangibles como calendarios y cifras si se requieren.

Debes escribir cifras de lo que tienes prospectado a vender.

También fechas probables de los movimientos más amplios para la consecución de la meta.

Los números juegan un papel importante ya que con los números especificamos una fecha, un valor y así vamos a alcanzar con más facilidad nuestra meta con este número.

Técnica

Se refiere a que debo buscar una técnica muy personal para motivarme y realizar el movimiento del día (libro motivación).

Las técnicas de vender son

Técnicas de cierre

Por lo que respeta a las técnicas o trucos para ayudarnos a cerrar la venta, hay tantas como vendedores.

Cada profesional tiene su forma propia y personal de actuar.

Técnica de la opción

Esta técnica pretende evitar que el cliente se dude si se queda con el producto o servicio. Que se va a quedar con el producto o servicio es claro.

Se trata de entender con qué se va a quedar exactamente. Para ello, debemos ir ofreciéndole otras alternativas de compra que le permitan ser el verdadero protagonista de sus decisiones.

Estas alternativas le servirán al vendedor para presentar mejor la venta. Sugiero, darle a escoger entre los diferentes tamaños o cantidades de un mismo producto, o entre dos productos diferentes que nos permitan aconsejarle el que "se adapta mejor a sus necesidades"…

Técnica de la oportunidad única

Esta técnica busca hacer ver al cliente la suerte que ha tenido de interesarse por la compra de nuestro producto justo en ese momento, ni antes ni después, puesto que es ahora cuando se han dado las circunstancias precisas para hacer una oferta especial ,es algo único y no es repetible si compra ahora.

El vendedor también puede hacer uso de esta técnica durante la fase de las objeciones, pero hay una diferencia sustancial.
Cuando intentamos contestar las objeciones del cliente, sólo podemos utilizar esta técnica de manera indirecta y sutil, para evitar que el futuro cliente, aún sin decidir, se sienta presionado.
En el cierre de la venta, debemos planteárselo al comprador de manera directa y especificando
 "la buena oportunidad" que existe.

Es de suponer que ahora el cliente ya está predispuesto a comprar y lo que pretendemos es cambiar su atención de la compra en sí misma y centrarla en factores secundarios, como el beneficio que dicho producto o servicio le va a dar y como lo puede aprovechar.

Optimismo

Se refiere a que debe ser una palabra constante para que pueda realizar todos los movimientos diarios de la meta.

El vendedor más motivado del mundo debe ser optimista siempre.

http://www.amazon.com/MOTIVACI%C3%93N-Autoestima-Psicolog%C3%ADa-Positiva-espiritual-ebook/dp/B00PPXK3O0/ref=sr_1_2?ie=UTF8&qid=14193 67428&sr=8-2&keywords=motivacion+personal

Enfoque se refiere que debo enfocarme en la meta y debo concentrarme mucho en esa meta y los movimientos deben estar enfocados para tal fin.

Enfocarme en mi meta.

Enfoque es una palabra muy importante cuando nos concentramos en lo que queremos y si nuestra esencia esta enfocada perfectamente con lo que queremos probablemente lograremos nuestras metas.

Las metas serán enfocadas siempre a iniciar amar nuestros movimientos, nuestra profesión y todo lo referente a la venta de nuestro producto o servicio.

Nuevo se refiere al movimiento nuevo de cada día y en especial a las nuevas perspectivas de la forma en cómo estoy realizando los movimientos deben ser nuevos renovados y certeros.

Todo debe ser con nuevas ideas.

Nuevo es una palabra que indica algo recién creado o fabricado en el proceso de las ventas si encuentro nuevos conceptos nuevos clientes, nuevos productos, nuevos servicios, quiere decir que estoy avanzando en mi movimiento.

Por ejemplo la tecnología cada vez avanza más y muchas veces con nuevos productos.

Debemos estar actualizados en tecnología ya que el mundo de las ventas también avanza con la tecnología.

Me gusta se refiere a que siempre me va a gustar más los movimientos que realizo para la meta y su realización.

Iniciar AMAR

Me gustan las ventas.

Me gusta es un término que debemos utilizar todos los días para nuestra vida y cada vez nos debe gustar más los movimientos que realizamos para continuar el hermoso camino de la vida.

Si por la mañana nos levantáramos y reflexionáramos como nos gusta nuestro planeta, nuestro universo, nuestra vida, nuestra profesión, nuestra familia y todo lo que nos rodea seguramente nuestros días será más armonioso y feliz.

Iniciar amar es de los movimientos más importantes son los movimientos del séptimo día.

Iniciar amar las ventas en todas sus formas es fascinante este mundo.

Debo tener siempre **actitud positiva**

Movimiento se refiere a la constancia en mis movimiento no debo disminuirla.

Cuando tenemos la actitud positiva esto va a influir en la actitud positiva que tengamos hacia el producto y hacia nuestra empresa y por ende hacia nuestro cliente nosotros debemos estar convencido que lograremos la meta y así nuestra mente comenzara positivamente y se nos va a reflejar en confianza y tranquilidad

Es importante recordar que así como lograr la felicidad puede ser aprendida nuestra actitud optimista también

Martín Seligman, formulo la tesis que se llama "optimismo aprendido"

Agradecer

Se refiere a dar gracias todos los días por el día tan maravilloso y esa buena actitud. Agradecer que esa actitud se mantenga.

Agradecer siempre por mis ventas pasadas, presentes y futuras.

Agradecimiento por todas las cosas hermosas que me están sucediendo.

Agradecer siempre es una palabra importante de nuestro repertorio cotidiano y seguramente nuestro agradecimiento se verá reflejado en nuestro mundo y así con esta actitud de agradecimiento y gusto por todo lo que me rodea será un nuevo mundo en mí.

Responsabilidad

Se refiere a que esté modelo o método es una responsabilidad para mejorar mi vida y seguir con los movimientos para la realización de la meta.

Responsabilidad en todo lo relacionado al cliente y en mi producto o servicio.

La responsabilidad es un valor que se encuentra en la conciencia de las personas y esto permite orientar sus actos.

La responsabilidad de nuestros actos y en este caso del modo como llevamos nuestra metodología de venta repercutirá positivamente al avance de nuestra carrera profesional.

Movimiento inicio Día Uno

Día Uno: lunes

En este día comenzaremos la metodología de nuestro método con el acrónimo movimiento En Mi que es un movimiento de cada persona.

M Mi meta Movimiento
O organizar, ordenar

Como cada vez tendremos un movimiento para la realización de nuestra meta como ejercicio escribimos la meta.

Escribo mi meta y organizo y ordeno todo lo que pienso realizar esta semana para el cumplimiento de mi meta.

Es muy importante adquirir una rutina y así no voy a posponer, voy a tener una disciplina.

Es importante organizar nuestro tiempo y usarlo bien

1. Organizar
   a-clientes (Base de datos)
2. Escribir todo
3. Utilizar mapas
4. Indagar parqueaderos
5. Clasificados
6. Clasificar   sus clientes por su interés en la compra
7. Indagar la dirección con anticipación
8. Puntualidad ante todo

Qué hace el modelo movimiento

Uno de los pasos más importantes es explorar como eres como persona para explorar esto debemos realizar las siguientes preguntas.

1. ¿Quién eres?
2. ¿Cuáles son tus creencias y valores?
3. ¿Qué es aquello que defiendes?
4. ¿Cuál es el verdadero propósito por el cual haces lo que haces?

Respondiendo estas preguntas te acercara más a tu auto conocimiento y tu autodescubrimiento.

La confianza que te brindes a ti mismo es de vital importancia para el proceso de entrenamiento.

Definición

Encontraremos muchas definiciones de eficacia personal se caracteriza por el empoderamiento en las personas para crear la vida que desean. Generalmente nos focalizamos en el crecimiento y en el logro de las metas.

- Es autodescubrimiento
- Llevar mi vida a otro nivel
- Una conversación de poder

Modelo Movimiento

El valor de un modelo es reforzar la habilidad para recordar los componentes que son claves en un sistema o proceso. El modelo movimiento.

Día 1 Lunes   **M=Meta**
            O=Organizar

Día 2 Martes   V=Viable
                             I=Imaginación

Día 3 Miércoles   M=Motivación
                             I=Innovación

Día 4 Jueves   E=Escribir
                             N=Numerar

Día 5 Viernes   T=Técnica
                             (Tener Prioridades)
                             O=Optimismo

Día 6 Sábado   E=Enfoque
                             N=Nuevo

Día 7 Domingo M=Me gusta
                             I= Iniciar Amar

                             A= Actitud
                             M=Movimiento
                             A= Agradecer
                             R= Responsabilidad

La relación en mí mismo
Tú y tú
Preguntas:

1. ¿Qué es lo que quieres saber acerca del movimiento?

_____

_____

_____

_____

_____

_____

2. ¿Cómo esto te va a ayudar a ser tu más eficaz y sacar lo máximo tú mismo?

_____

_____

_____

_____

_____

_____

3. ¿Cuáles crees que son tus retos en tu camino hacia tu logro?

_____

_____

_____

_____

_____

4. ¿Qué habilidades, vas a usar?

_____

_____

_____

_____

_____

Observémonos a nosotros mismos

Nos enfocamos observando cómo podemos mejorar y aplicar cada día para lograr nuestra meta.

Ejercicio

Alguna preguntas para conocerme mejor

_____

_____

_____

_____

_____

_____

Escribo lo que pienso y cuál es mi movimiento más importante hoy.

En mi movimiento

Semilla en mí

_____

_____

_____

_____

_____

_____

Preguntas Modelo Movimiento
MO= Meta + orden

1. Elije un área de tu vida que la tengas como meta a realizar.

2. Para tu propósito como sería una situación ¿ideal?

3. ¿Qué voy a organizar para mi meta hoy?

4. Si pienso que voy a ser ordenado en mi meta ¿Cómo sería ese ordenamiento?

Un ejemplo:
Vamos a comenzar el

Ese día es
MO = Meta + organización + orden.

VI = Viabilidad +Imaginación

Te estoy escribiendo y sugiriendo sea que comiences el lunes o si empiezas otro día diferente al lunes no es importante pero si debes escribir para tu mejor planificación de la meta.

Incluso puedes comenzar cuando quieras pero es una sugerencia comenzar el lunes para mayor cumplimiento de las metas.

Día Dos:

En este día dos verifico la viabilidad de mi meta y es decir si es factible de realizarse.

Orden:

En este día comenzaremos a tener más habilidad para realizar preguntas y nuestra curiosidad se abrirá cada vez más de acuerdo a nuestro proceso del auto entrenamiento se encuentran mediante mis repuestas muchas dudas que teníamos en nuestras vidas.

La conciencia que se abre en nosotros es una de las experiencias más importantes para nuestra vida debido a que vamos identificando lo que realmente queremos.

Tenga en cuenta, además, que el cliente se fijara en todo y cualquier detalle, por insignificante que nos parezca, puede arruinar nuestra imagen profesional ante el futuro comprador. La mesa de trabajo, las sillas correspondientes, el teléfono, el fax, el ordenador, la necesaria documentación (folletos, carteles, impresos…), y todo ello con orden, limpieza, y pulcritud, serán el signo externo de la profesionalidad del vendedor

Resumiendo
Desde este día va abriendo su mente a la imaginación,

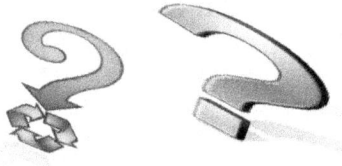

Significa, que nosotros abrimos nuestras mentes a lo que ellos están experimentando, sintiendo, viendo y creyendo.
Ahora, a medida que avanzas en tu camino para convertirte en una persona cada vez mejor.

Da a ti mismo(a) el mismo sentimiento de exploración compasiva y curiosidad acerca de tus propias experiencias. Ten la voluntad y pues darte permiso para explorar lo desconocido con curiosidad de aprendizaje.

En especial porque al explorar este nuevo mundo del movimiento ahora, es importante que encuentres partes y momentos que te pueden retar, que te sacarán de tu zona de comodidad. Acuérdate de algo que hayas aprendido, pero sabes con total naturalidad y Comodidad. En el camino de aprendizaje se cometen errores.

¿Cuál es su experiencia cuando alguien interactúa contigo con curiosidad? En esas interacciones puede sentir:

- Un deseo e inclinación naturales a comunicarse abiertamente.
- Creatividad e imaginación.

- Mayor conciencia de ti mismo y de tu potencial
  Es en este clima en el que se expande la conciencia y ocurre el aprendizaje

Inicio
Oportunidad
Visión
Movimiento
Técnica y Estrategia

Retroalimentación revisar los resultados
Tipo de preguntas

- **Abiertas:** Preguntas que invitan a la persona a una respuesta abierta y libre de una respuesta definitiva.

- **En Mi:** Preguntas muy efectivas que llevan a las personas a mirar sus asuntos con movimiento y transformación.
- Preguntas simples para llegar al MOVIMIENTO EN MI

La importancia de iniciar

La importancia de indagar es atribuible a todos los seres humanos ya que la curiosidad es innata.

Cuando hemos observado nos hemos escuchado nos damos cuenta que con la indagación vamos llegando a las preguntas más intuitivas y certeras.

Alguno de los Pasos para el éxito de mi meta

a) Definir lo que se quiere
b) Viable
c) Motivación
d) Técnica
e) Numerar

Definir (significado) que es para direccionar la meta mía cuando comience a practicar.

Valores

Alguna lista de algunos valores

- Alegría

- Salud
- Gozo
- Pasión
- Conexión
- Compasión
- Creatividad
- Crecimiento
- Libertad
- Aventura
- Logro
- Contribución
- Poder
- Dinero
- Espiritualidad
- Tiempo libre
- Vida en familia
- Independencia

Enumera algunos otros valores que te parecen importantes

- _____
- _____
- _____
- _____

Mis valores fundamentales son:

- _____
- _____
- _____
- _____

Según el método del doctor Demartini según esta preguntas.

1. ¿En qué inviertes tu tiempo?

_____

_____

_____

_____

_____

2. ¿En qué inviertes tu energía?

_____

_____

_____

_____

_____

_____

3. ¿En qué inviertes tu dinero?

_____

_____

_____

_____

_____

_____

4. ¿En qué es lo que más piensas?

_____

_____

_____

_____

_____

_____

5. ¿Qué es lo que más visualiza y esperas?

_____

_____

_____

_____

_____

6. ¿Qué es lo que más te inspira?

_____

_____

_____

_____

_____

Preguntas

"la calidad de nuestras preguntas determina la calidad de nuestra vida. Las personas exitosas hacen mejores preguntas y como resultado obtienen mejores respuestas"

Anthony Robbins

Ejercicio
Martes:

**Preguntas modelo movimiento
Viable, Imaginación**

1. ¿Cuál es la viabilidad de mi meta?

2. ¿Es verdad que soy consciente de lo que tengo que hacer para el cumplimiento de mi meta?

3. ¿Es verdad que mi visión va a estar al 100% para que pueda realizar esta meta?

4. ¿Mi meta debe ser concreta viable y esa es?

Todo lo que nos rodea va influir en nuestro comportamiento.

Las Metas son los anhelos que tenemos y es allí donde tomamos acción para cumplirla. Las metas debemos planificarlas en este libro en 21 días debes hacer 2 movimientos cada día es fácil sólo 2 es como un 2% haciendo los cálculos de 1% por movimiento.

Te estoy dando los pasos para realizar el movimiento. Existe un movimiento refuerzo y puedes realizarlo después de los 14 días para la realización del movimiento del día.

Lo tienes que acomodar dependiendo si tu meta es corto, mediano o largo plazo.

Día tres:

En este día tres voy a realizar y a descubrir la manera de seguir adelante con mi meta y encontraras maneras innovativas de pequeñas acciones para llegar a tu meta.

Utilizar las preguntas para que encontremos metas. Estas mismas preguntas las formulo para mí y encontrar cuál es mi meta.

Yo Qué puedo?

En este día creamos aptitud y   actitud que perseguimos.

Metas

De acuerdo a nuestro modelo movimiento obtendremos las metas.

Movimiento

Este modelo está basado en el comportamiento humano y en cómo funciona nuestra mente consciente e inconsciente, es un libro que no busca ser una tesis científica o un trabajo únicamente teórico, es un libro diseñado para ser práctico y aplicable de manera inmediata
Para ver resultados en tu vida.

Ejercicio

Mi meta es este momento está definida por eso me formulo algunas preguntas:

_____

_____

_____

_____

Ejercicio:

Miércoles:

Preguntas modelo movimiento – miércoles

MI Motivación + innovación

1. ¿La manera de proceder va a ser así?

2. ¿Voy a mejorar cada día en lo que tengo que hacer para mi meta?

3. ¿Estoy motivado lo suficiente o debo hacer algo más?

4. ¿Qué innovaciones puedo crear para que mi meta se cumpla?

5. Mi máxima intensión es que mi meta_____
Sea cumplida para _____

6. ¿Necesito más actividades para la realización de mi meta?

7. ¿Voy a tratar de usar varias de mis innovaciones?

8. ¿Mi manera de proceder está acorde el logro de mi meta?

Es importante Imaginarme que la meta está realizada y voy visualizando la meta.

Innovación en cuanto a lo que debo realizar solo tú sabes los pasos.

Si es Investigar, leer, comer menos ese día, Realizar una hoja de vida, ahorrar, en fin es innovar en el movimiento que me va a acercar a la meta.

Día cuatro:

Día cuatro:

En este día cuarto escribiremos la meta a cumplir y le doy un número cuando me refiero a una número es concretar cuándo y numerar los pasos a realizar para mi meta, numerar implica escribir, comienzo, términos, fechas…

ESCUCHARME

¿Cuáles son los atributos de la escucha?

¿Qué haces tú cuando escucha bien?

Qué es escuchar?

Es una de la habilidades más difíciles del ser humano por qué cuando escuchamos debemos entender lo que nuestro interlocutor nos está diciendo y transmitiendo verbalmente. Escuchar es entender la comunicación verbal y no verbal entendiendo gestos y muchos movimientos que nos quieren expresar algo.

Debo escucharme y entender que es lo que realmente estoy realizando para el logro de mi meta.

SER

Muchas personas se focalizan únicamente en definir qué es lo que tienen que **hacer** para tener la vida que desean. Otras tantas creen que primero necesitan **tener** para poder definir qué **hacer** y así poder definir quiénes **son**. Cuando la verdad es que nosotros necesitamos establecer primero quienes queremos ser.

Ten estas 3 preguntas presentes: El movimiento de transformación va más allá de únicamente cambiar lo que hacemos, se basa en definir y convertirnos en quienes queremos y necesitamos SER para tener los resultados que estamos buscando.

La verdadera transformación inicia en el **SER**, y los cambios son duraderos y sostenibles cuando se basan en el **SER**.

Ejercicio

Día cuarto:

EN= Escribir + Numeración

Escribir lo que debo realizar para un movimiento para la meta.

Escribir fechas concretas y movimientos concretos, los escribo en el cuaderno.

Incluso escribir ideas que se te vengan a la mente en el momento que surgió la idea.

Preguntas modelo movimiento

EN Escribir + Numeración

1. ¿La elección de mi meta es la correcta en este momento?

2. ¿Qué voy a ejecutar hoy para darle cumplimiento a mi meta?

3. ¿Toda mi energía esta equilibrada en mi entorno para mis otras actividades?

4. Voy a numerar lo que tiene que hacer cada día para la realización de mi meta sea la numeración de los pasos y la numeración de las posibles fechas.

5. Haré este calendario puede ser a 1 semana, 1 mes, 3 meses, 1 año, 3 años, o más

Día cinco:
Día viernes

Las tareas que voy a realizar diariamente son importantes porque van a tener un propósito de lo que va a ser mi objetivo.

En este día quinto rectifico mi organización, mi manera, numeración y escribo Es importante en esta fase de quinto día llevar el optimismo a su mejor expresión y así ese optimismo me llevara a tener una actitud diferente e innovativo en mi meta. En esta guía te daré unas frases de apoyo para que tu vida crezca en abundancia.

Debo imaginarme algún hecho positivo de mi vida y sentir y estar seguro que lo puedo lograr.

Debo encontrar una técnica para el logro de mi meta y así alinear mis actividades con mi propósito.

Mi técnica interna debe desarrollar mi técnica externa.

En este día debo encontrar que relación tengo con migo mismo y con mi meta para lograrlo.

Es muy importante la Psicología positiva en este día.

La psicología positiva se centra en el estudio de cualidades positivas y cómo desarrollarlas, ayuda a vivir una vida más satisfactoria y prevenir patologías que se producen cuando una vida parece no tener sentido.

Martin Seligman es el fundador de la Psicología positiva es importante aclarar la diferencia entre Psicología positiva y pensamiento positivo.

La Psicología positiva es una rama de la psicología, y por lo tanto, es una ciencia cuyas conclusiones están basadas en estudios e investigaciones, y no defiende que haya que pensar en lo positivo diariamente, ni negar la realidad.

Existen momentos donde debemos tener pensamientos realistas, en la psicología positiva ser feliz hace que se produzcan más cosas buenas en la vida de cada persona porque la felicidad hace que las personas obtengan resultados más positivos en todas las áreas de su vida y obtengan relaciones más satisfactorias es decir, es como un efecto multiplicador donde la felicidad, atrae más felicidad si nosotros experimentamos más emociones positivas viviremos mejor

• La psicología positiva se define a sí misma como la ciencia de la experiencia subjetiva positiva, los rasgos individuales positivos y las instituciones positivas, busca conocer y desarrollar las circunstancias que permiten florecer a los individuos, las comunidades y las sociedades.

Creencias

Nuestras creencias van determinando un porcentaje alto para el criterio, en lo que vamos a dar más importancia.

Una creencia es un sentimiento de certeza acerca del significado de algo.

Oportunidad

Movimiento
Creencia

Las creencias las vamos creando cuando adquirimos experiencias.

Las creencias que me servirán e impulsan para convertirme en una mejor persona.

Debemos animarnos a pensar más allá de las restricciones conocidas hacia aspiraciones que tengan peso, que sean significativas, inspiradoras y de pronto, un poco incomodas.

Las aspiraciones son importantes.

. Poseen significado urgente e importante

. Pueden ser imaginadas con detalle, cuando se exploran en cuanto a cómo se ven, cómo se escuchan y cómo se sienten lograr el resultado deseado.

. Crean una sensación de excitación y anticipación cuando se imaginan

. Implican cierto grado de exigencia más allá de la zona de comodidad.

Ejercicio
Viernes del quinto día
Frases

TO Técnica + optimismo+ Obtener respuesta

1. Voy transformar mi vida a otro nivel mejor con el movimiento de hoy para mi meta.

2. Voy a usar técnicas con mi meta así sea una meta, solo para mi.

3. Voy a aprovechar la ocasión que me estoy tomando para realizar mi meta.

4. Es una oportunidad que tengo hoy y si he prometido un movimiento hoy lo haré como oportunidad de triunfar en mi meta y seré optimista.

Día seis:

Día seis Enfoque + Nuevo
Día sábado

En el día seis escribimos las estrategias que voy a realizar para mi meta, estrategias específicas de movimiento y en otro movimiento las refuerzo. Hoy haré el movimiento del días seis como una nueva expresión de mi meta.

Debo enfocarme a mi meta es decir mi atención va dirigida a mi meta. Enfocarme y no perder el foco. En cuanto a nuevo me refiero a que nuevo movimiento puedo aportar hoy para el logro de la meta.
Las novedades para la realización del movimiento que es un aprendizaje para mi vida.

Modelo

Cuando ya hemos definido nuestro modelo movimiento ya tenemos que dar un movimiento para el cumplimiento de la meta.

Día 1 Lunes	**M=Meta**
	O=Organizar
Día 2 Martes	**V=Viable**
	I=Imaginación
Día 3 Miércoles	**Motivación**
	I=Innovación
Día 4 Jueves	**E=Escribir**
	N=Numerar
	N=Nuevo
Día 5 Viernes	**T=Técnica (Tener Prioridades)**
	O=Optimismo
Día 6 Sábado	**E=Enfoque**
Día 7 Domingo	**M=Me gusta**
	I= Iniciar – Amar
	A= Actitud
	M=Movimiento
	A= Agradecer

R= Responsabilidad

Movimiento

Cuando nos movemos es porque ya vamos a realizar la acción de nuestra meta y así nuestra meta va a ser realizable.

Cuando nos responsabilizamos en alcanzar los resultados es una manera de focalizarnos en la responsabilidad de nuestra vida.

Preguntas:

Las preguntas son importantes y para esto debemos seguir de acuerdo a las pautas para alcanzar las metas y cuando empecemos a practicarla.

Cualidades para un buen movimiento debo repetir:

- Está bien cometer errores, porque así aprenderé
- La gente es maravillosa, todas las personas – sin excepción
- Si hay una manera de cambiar y mejorar, yo la encontraré.
- El movimiento es medido por la diversión que estoy teniendo, las lecciones que aprendo, la ayuda que le doy a los demás y la gente con la que me conecto.
- Hay solución práctica o espiritual para todo. Todo tiene solución
- Siempre existe la manera para lograr lo que me propongo.

- Si persisto lo lograré
- Cuando me siento contra la pared o en un momento de crisis es ahí cuando lo mejor de mi florece
- Siempre existe la manera.
- Mis ventas siempre serán óptimas
- Soy el vendedor más motivado del mundo
- Vender es un arte
- El oficio de vender beneficia a muchas personas incluyéndome.

Valores y creencias de nuestra vida

ORGANIZAR

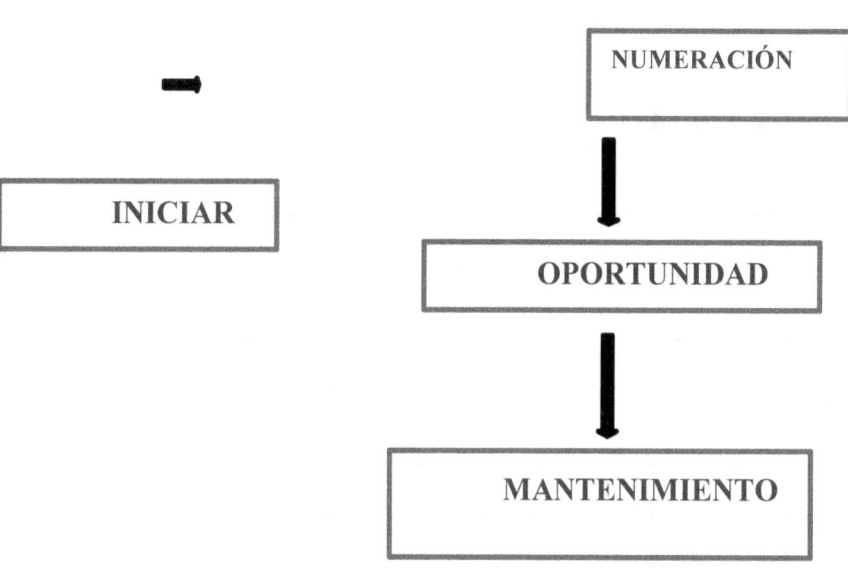

NUMERACIÓN

INICIAR

OPORTUNIDAD

MANTENIMIENTO

Recapitulando

Semilla en mí

Mis Apuntes

_____

_____

_____

_____

_____

_____

_____

_____

Ejercicio Sábado: Enfoque + Nuevo

En mi calendario escribiré todo lo que estoy realizando para mi meta lo que estoy realizando para mi mente.

Es mi responsabilidad de verme reviso todo lo que estoy haciendo por mi meta, recolecto lo positivo y los repaso para ver si estoy obteniendo resultados.

1. Debo enfocarme en preguntas   para que pueda analizar toda meta.

2. Lo nuevo mis movimientos diarios me llevaran a mi meta.

3. Enfoque es lo más importante y debo cumplir para que la realice según el candelario que voy a escribir.

4. Repaso lo que he hecho para mejorar o seguir así.

5. El enfoque sobre mi meta no va a decaer

Iniciar AMAR
Amor, Actitud
Movimiento
Agradecimiento
Responsabilidad

Es decir voy amando todos los movimientos de la vida.
Agradezco la oportunidad de realizar movimientos positivos y certeros para la realización de la meta.

La responsabilidad y el compromiso de llevar a cabo la meta y el modelo son importantes para todo lo que se refiere a llevar la vida a otro nivel.

Día siete: Iniciar AMAR

En este día séptimo inicio AMAR que quiere decir Actitud Movimiento y Agradecimiento, donde mi nueva actitud me hará realizar el movimiento correcto y así la acción de hoy me llevara a avanzar en mi meta.

Como mi meta me gusta tanto siempre quiero llevarla a otro nivel y cada vez me gusta más la forma en que estoy realizando mi meta y a la vez me gusta el modelo como lo voy realizando.

En este día lo más importante es mi responsabilidad para el cumplimiento de mi meta y si mi responsabilidad es de un grado alto continuaré con el movimiento de la primera semana las siguientes semanas. Pero si quiero impulsarme otra vez con mi meta debo seguir al modelo movimiento de la segunda semana.

Amar

En este día ya hemos identificado nuestra meta y vamos accionando y trabajando para que nuestra meta se realice mantenemos los cambios y la transformación identificados para nuestro éxito y las personas que se encuentran en nuestro alrededor.

Mi meta debe tener la oportunidad de ser amada.

Recapitulando

Semilla en mí

Apuntes

_____

_____

_____

_____

_____

Ejercicio Modelo Movimiento

Ejercicio

Modelo Movimiento

Elije un área de tu vida que este en tu mente en este momento. Puede ser porque es un problema o un reto, o puede que sea algo excitante y positivo. Asegúrate que es Algo sobre lo que tú tengas control e influencia.

1, Escribe una oración que describa la situación

_____

_____

_____

_____

_____

_____

Ejemplos de metas a seguir relacionado en ventas:

- Este año voy a ser el mejor vendedor de mi empresa
- Voy a empezar mi propio negocio
- Voy a ahorrar más dinero con mis ventas

- Necesito algo de practica espiritual
- Voy a dejar los malos hábitos que no me dejan ser un buen vendedor
- Voy a aprender otro idioma
- Un empleo especifico que quiero
- Preparar unas vacaciones
- Quiero estudiar cursos y seminarios para aumentar mi conocimiento en ventas

- Quiero aprender a motivar a mi equipo de trabajo
- Proyectos laborales

- Salud, estado físico y bienestar.
- Crecimiento personal
- Formación profesional
- Economía domestica
- Amigos ,pareja y familia
- Relaciones con los socios y clientes.

Movimiento

Movimiento

1. ¿Qué está pasando ahora, que te dice que esto es importante para ti?

_____

_____

_____

_____

_____

_____

2. ¿Qué te está faltando?

_____

_____

_____

_____

_____

_____

1. Numeración de ideas para lograr la meta

_____

_____

_____

_____

_____

_____

2. ¿Qué hacer para que el movimiento sea cumplido y así tu meta?

_____

_____

_____

_____

_____

_____

Ejercicio Movimiento En Mí

-¿Cuáles son mis creencias en este momento?

_____

_____

_____

_____

_____

_____

_____

_____

_____

_____

¿Cuáles son tus oportunidades?

_____

_____

_____

_____

_____

_____

_____

¿Qué me gustaría que pasara?

_____

_____

_____

_____

_____

_____

_____

¿Mi movimiento y cumplimiento es?

_____

_____

_____

¿Mi transformación?

_____

_____

_____

_____

_____

_____

_____

¿Qué pasará cuando sea cumplido mi objetivo?

_____

_____

_____

_____

_____

_____

_____

Conclusión

Espero puedan practicar los modelos para planear mejor las ventas.

Les deseo las más motivadas y exitosas ventas.

Bibliografía

Hanan, Mack, James j. Cribbin y Herman Heiser. Consulative Selling. Nueva York: AMACOM 1973.

Raux, Emille. Handbook of Successful New Sales Ideas. Nueva York: Castle Books, n.d.

- Seligman, M. E. P y Csikszentmihalyi, M. (2000),"positive psychology: an introduction", American Psychologist.

- Cayrol, A, y J. de Saint – Paul: Mente sin límites: la PNL,

-

Barcelona, Paidós Ibérica, 1992 (3ª ed).

- Programación neurolingüística cambie su vida con PNL (Dr Roderich Heinze. Sabine Vohmann – Heinze.

KOTLER, P.: *Dirección de mercadotecnia*, 2.ª ed., México: Diana, 1974.

GRACIAS!

Gracias por comprar este libro electrónico.

Si te ha gustado este libro electrónico, por favor considere dejar un breve repaso con Amazon.com y compartir el enlace con tus amigos y lugares de los medios sociales favoritos.

Otra vez, gracias!